STOP

Manfred Mai

WARUM Geschichten

IM VERKEHR

Zeichnungen von Dagmar Geisler

Loewe

Die Deutsche Bibliothek – CIP-Einheitsaufnahme

Mai, Manfred:
Warum-Geschichten / Manfred Mai.
Bindlach: Loewe
Im Verkehr.
2. Auflage – 1993
ISBN 3-7855-2496-X

ISBN 3-7855-2496-X – 2. Auflage 1993

Umschlagillustration: Dagmar Geisler
Umschlagkonzeption: Karin Roder
Satz: Fotosatz Leingärtner, Nabburg
Gesamtherstellung: Graphicom
Printed in Italy

Inhalt

Warum soll ich über den Zebrastreifen gehen?

Robin und sein Freund Johannes sind auf dem Weg zum Bäcker. Sie sollen Brötchen holen.

„He, wo willst du denn hin?“ fragt Robin. „Da drüben ist doch der Bäcker.“

„Weiß ich auch“, sagt Johannes. „Aber ich gehe über den Zebrastreifen.“

„Warum denn das?“

„Weil es da sicherer ist“, erklärt Johannes ruhig.

„Pah“, macht Robin. „Ich bin doch nicht blöd und laufe jedesmal bis zu dem Zebrastreifen und auf der anderen Seite wieder zurück. Ich gehe immer hier über die Straße, und mir ist noch nie etwas passiert.“

„Das ist mir egal“, sagt Johannes und geht weiter.

Robin stellt sich an den Straßenrand, schaut nach links und nach rechts. Von beiden Seiten kommen Autos. Ihm bleibt nichts übrig, als zu warten.

Während Robin wartet, ist Johannes schon am Zebrastreifen angekommen. Er streckt den Arm aus und zeigt damit den Autofahrern, daß er über die Straße möchte. Zwei fahren trotzdem weiter. Erst die nächsten halten an und lassen

Johannes den Vortritt. Auf der anderen Seite läuft er wieder zurück bis zu der Bäckerei.

Robin steht noch immer am Straßenrand und wartet. Er ist wütend, das sieht man ihm an. Einmal will er sogar loslaufen, obwohl von rechts ein Auto kommt. Doch als der Autofahrer kräftig auf die Hupe drückt, schreckt Robin zurück.

„Geh doch auch über den Zebrastreifen!" ruft Johannes.

Jetzt erst recht nicht, denkt Robin.

Johannes schaut zur Uhr. „Ich muß bald nach Hause!"

„Dann hau doch ab!" Robin schaut wieder nach rechts und nach links. Von rechts kommt nichts; links hält ein Lastwagen an. Der Fahrer fragt eine Frau nach dem Weg. Diesen Augenblick nutzt Robin und saust über die Straße.

„Siehst du, ich bin rübergekommen", sagt er zu Johannes.

Der sagt nichts, weil er keinen Streit mit seinem Freund will.

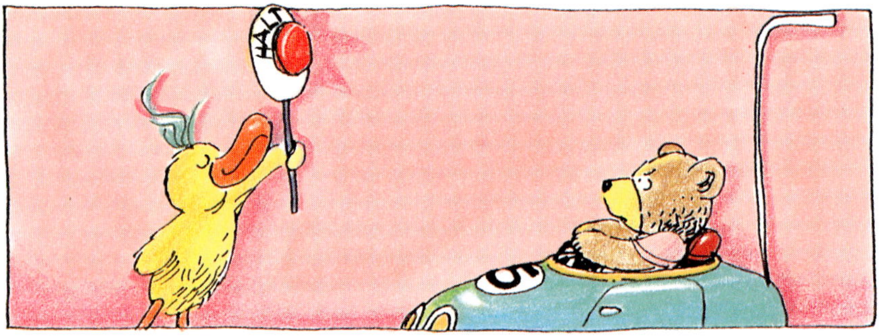

Warum muß man bei Rot immer warten?

Mama war mit Benni und Miriam beim Kinderarzt in der Stadt. Und weil beide so tapfer waren, hat sie ihnen ein Eis versprochen. Aber der Weg vom Kinderarzt bis zur Eisdiele ist für die beiden schrecklich lang.

„Wann kriege ich endlich mein Eis?“ quengelt Benni.

„Wir sind gleich da“, beruhigt ihn Mama.

„Das hast du schon mal gesagt“, brummt Miriam.

„Stimmt ja auch“, sagt Mama. „Ich kann die Eisdiele schon sehen.“

„Wo? Wo ist sie?“ ruft Benni und marschiert gleich ein bißchen schneller.

„Hinter der großen Kreuzung“, antwortet Mama.

An der Kreuzung bleiben Mama und Miriam stehen. Aber Benni will weitergehen.

„Halt“, sagt Mama. „Wir müssen warten.“

„Warum?“ fragt Benni.

Miriam zeigt zur Ampel. „Siehst du das rote Männchen dort nicht?“

„Doch!“ ruft Benni.

„Wenn das rote Männchen leuchtet, müssen die Fußgänger warten“, erklärt Miriam ihrem kleinen Bruder.

„Ich will aber nicht warten“, ruft Benni. „Ich will mein Eis!“ Er zieht an Mamas Hand.

„Laß das!“ sagt Mama. „Miriam hat recht.“

Benni schaut die Straße entlang. „Es kommen ja gar keine Autos. Warum müssen wir denn dann so lange warten?“

„Weil das Männchen rot ist“, antwortet Miriam. „Und Rot bedeutet im Straßenverkehr immer, daß man warten muß.“

In diesem Augenblick geht ein junger Mann an Benni vorbei über die Straße.

„Warum muß der nicht warten?“ fragt Benni.

Mama antwortet nicht. Sie ruft dem jungen

Mann hinterher: „He! Die rote Ampel gilt auch für Sie!“

Der junge Mann schaut zurück. „Ich gehe über die Straße, wann ich will!“ ruft er und lacht.

„Wie sollen die Kinder lernen, sich richtig zu verhalten, wenn Erwachsene es ihnen falsch vormachen?“ fragt Mama.

„Was interessieren mich Ihre Kinder“, sagt der Mann und will weiter. Da sieht er auf der anderen Seite einen Polizisten kommen. Einen Moment zögert er, dann dreht er sich um und will wieder zurück.

Im gleichen Augenblick quietschen Bremsen, die Leute schreien auf, der junge Mann wird von einem Auto gestreift und zu Boden geschleudert.

Benni und Miriam werden blaß. Beide drücken sich an ihre Mama.

Zum Glück ist der junge Mann nur leicht verletzt. Mit Hilfe von zwei Männern humpelt er auf den Gehweg. Der Polizist sorgt dafür, daß der Verkehr wieder fließt. Dann geht er zu dem jungen Mann und spricht mit ihm.

Benni und Miriam hören nicht, was der Polizist sagt. Sie sehen nur, daß der junge Mann über dem rechten Auge blutet.

Warum ist ein Fahrrad manchmal schneller als ein Porsche?

Seit drei Stunden ist Lasse bei seinem Opa. Und seit drei Stunden geht es in einem fort: „Opa, spiel mit mir! Opa, du mußt jetzt mein Pferd sein! Opa, leg dich auf den Bauch! Opa, heb mich hoch! Opa, ich will radfahren! Opa, du bist der Torwart!"

Jetzt ist der Opa total erledigt, schaltet den Fernseher ein und läßt sich aufs Sofa plumpsen.

„Au toll!" jubelt Lasse. „Mama läßt mich nie fernsehen." Er setzt sich neben seinen Opa. Die Sendung ist nicht besonders interessant, aber das scheint Lasse nichts auszumachen. Er schaut sehr interessiert zu.

„Opa, was ist das für eine Straße?"

„Eine Autobahn."

„Was ist eine Autobahn?"

„Eine Straße, auf der die Autos schnell von einem Ort zum andern fahren können."

Lasse guckt seinen Opa von der Seite an. „Warum fahren die Autos dann so langsam?"

„Wahrscheinlich ist irgendwo eine Baustelle", antwortet Opa. „Oder es ist ein Unfall passiert. Dann gibt es einen Stau."

„Was ist ein Stau?"

„Du siehst es doch", brummt Opa. „Wenn die Autos nur noch ganz langsam fahren können oder anhalten müssen."

Lasse guckt wieder zum Fernseher. Dort sieht man eine kilometerlange Autoschlange. Opa gähnt. Seine Augen werden immer kleiner.

„Opa, wenn ich groß bin, kaufe ich mir einen Porsche. Der fährt 250 Sachen, hat Jens gesagt."

„Soso", murmelt Opa.

Lasse zupft seinen Opa am Ärmel. „Hast du gehört? Ich kaufe mir einen Porsche. Der fährt 250 Sachen."

Opa öffnet noch einmal die Augen. „Und mit deinem schnellen Porsche stehst du dann im Stau wie all die andern schnellen Autos."

„Ich nicht", sagt Lasse. „Mein Porsche ist schneller."

„Kauf dir lieber ein gutes Fahrrad, mit dem bist

du noch schneller“, murmelt Opa. Dann fallen ihm die Augen wieder zu.

„Warum bin ich mit dem Fahrrad schneller als mit dem Porsche?“ fragt Lasse.

Aber diese Frage hört sein Opa nicht mehr. Er schnarcht schon.

Warum fährt Carolin nicht mit dem Fahrrad zur Schule?

Carolin ist auf dem Weg zur Schule. Plötzlich klingelt hinter ihr eine Fahrradglocke.

„Hallo!" sagt Lisa, bremst und springt ab. „Warum fährst du denn nicht mit dem Rad zur Schule?"

Carolin zieht die Schultern hoch.

Lisa läßt nicht locker: „Du hast doch ein Rad. Warum fährst du denn nie damit?"

„Ich fahre oft damit", widerspricht Carolin. „Nur nicht zur Schule."

„Und warum nicht?" bohrt Lisa weiter.

„Meine Eltern sagen, das sei zu gefährlich."

Lisa grinst überlegen. „Eltern sagen viel. Was soll denn da gefährlich sein?"

„Die vielen Autos und die Busse", antwortet Carolin. „Und die großen Jungs mit ihren Mofas.

Die wollen nämlich immer angeben und passen überhaupt nicht auf."

„Vor denen habe ich keine Angst. Ich kann . . ."

In diesem Augenblick jagen drei Mofas in die Kurve. Die Fahrer veranstalten ein Wettrennen, das sieht man sofort. Und den ersten treibt es bis an den Fahrbahnrand.

„Paß auf!" ruft Carolin, packt Lisas Arm und zieht sie auf den Gehweg. Auch zwei andere Kinder auf ihren Fahrrädern können sich gerade noch auf den Gehweg retten. Die Mofafahrer lachen und geben gleich wieder Vollgas.

„Blöde Idioten!" schreit Lisa ihnen hinterher.

„Das war knapp", sagt Carolin.

Lisa stellt ihr Fahrrad wieder auf die Straße. „Wegen diesen Spinnern gehe ich trotzdem nicht zu Fuß zur Schule!"

„Juhu!" ruft Nena im Vorbeifahren. Sie sitzt bei Vanessa auf dem Gepäckträger und zappelt mit den Beinen.

„Komm, setz dich schnell hintendrauf", sagt Lisa zu Carolin. „Die holen wir noch ein."

Carolin will nicht. „ Das ist verboten."

„Ist mir doch egal", sagt Lisa. „Du hast ja bloß Angst."

Carolin sagt nichts und geht weiter.

Lisa grinst und fährt los. „Angsthase! Angsthase!" ruft sie zurück.

Warum gibt es Verkehrsunterricht?

Vor der Schule hält ein grünweißes Auto. Die Türen öffnen sich, und zwei Polizisten steigen aus. Sie gehen über den Pausenhof und nähern sich dem Schulhaus. Die Kinder der vierten Klasse haben die Polizisten gesehen und sind ziemlich aufgeregt. Da klopft es auch schon an der Tür. Frau Vogt öffnet. Die Polizisten kommen herein, grüßen freundlich und stellen sich vor.

„Ich heiße Volker Seeger."

„Und ich Dietmar Reinbeck."

„Ihr könnt euch sicher denken", sagt Herr Seeger, „daß wir nicht gekommen sind, weil jemand von euch etwas geklaut hat, sondern weil heute Verkehrserziehung auf dem Stundenplan steht."

„Rund ums Fahrrad soll es gehen", ergänzt Herr Reinbeck. „Aber das wißt ihr ja schon."

„Warum müssen wir denn eine Fahrradprüfung machen?“ möchte Kai wissen. „Ich kann doch schon lange radfahren.“

„Das ist eine gute Frage“, sagt Herr Seeger. „Was meint ihr denn?“

„Damit wir noch besser radfahren lernen“, antwortet Lena.

„Damit wir die Verkehrszeichen kennen“, sagt Daniela.

„Und die Verkehrsregeln“, ergänzt Simone.

„Alles richtig“, sagt Herr Seeger. „Bei Frau Vogt habt ihr ja in den letzten Wochen schon eine Menge über das richtige Verhalten im Straßenverkehr gelernt. Heute wollen wir mal eure Fahrräder genau anschauen und eine Lernfahrt machen. Holt also jetzt bitte eure Räder und stellt sie auf den Schulhof.“

Die Kinder laufen los und holen ihre Räder.

„Dann wollen wir mal anfangen“, sagt Herr Seeger und geht um Daniels Rad herum. „Ist das Rad deiner Meinung nach verkehrssicher?“

Daniel zieht die Schultern hoch. „Ich kann damit gut fahren.“

„Gut fahren vielleicht schon – aber wie sicher?“

„Mir ist noch nie etwas passiert“, verteidigt sich Daniel.

„Was meinst du, wie oft wir das schon gehört

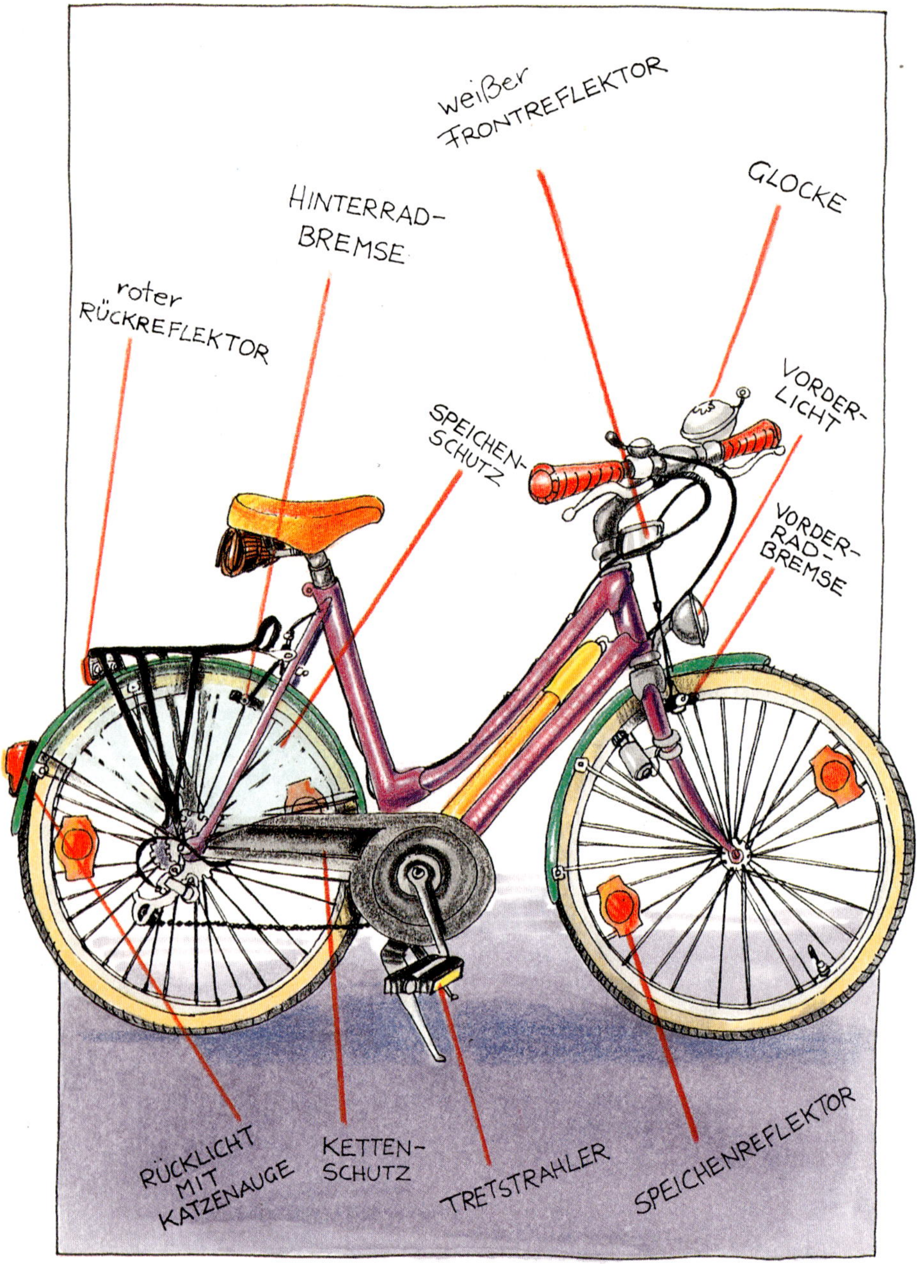

weißer
FRONTREFLEKTOR
GLOCKE
HINTERRAD-
BREMSE
roter
RÜCKREFLEKTOR
VORDER-
LICHT
SPEICHEN-
SCHUTZ
VORDER-
RAD-
BREMSE
RÜCKLICHT
MIT
KATZENAUGE
KETTEN-
SCHUTZ
TRETSTRAHLER
SPEICHENREFLEKTOR

haben?“ fragt Herr Reinbeck. „Dasselbe hat vor ein paar Wochen auch Katrin Schmidt aus Balingen zu mir gesagt. Dann wollte sie am Abend mit ihrem Fahrrad von der Turnhalle nach Hause fahren. Das hat sie schon hundertmal vorher getan, und es ist nie etwas passiert. Aber an diesem Abend hat ein Autofahrer sie nicht gesehen, weil an ihrem Fahrrad weder ein Rücklicht noch ein Katzenauge, noch ein großer roter Rückstrahler vorhanden war. Genau wie bei deinem Fahrrad. Und jetzt liegt sie mit einem gebrochenen Bein im Krankenhaus.“

„Ich fahre ja nicht bei Nacht“, murmelt Daniel.

„Das kann man nie wissen“, sagt Herr Reinbeck. „Außerdem ist es im Herbst manchmal schon am späten Nachmittag ziemlich dunkel. Was braucht man deshalb am Fahrrad unbedingt?“

„Scheinwerfer, Rücklicht mit Katzenauge, einen roten Großflächenrückstrahler, einen weißen Rückstrahler vorne, gelbe Tretstrahler und Speichenreflektoren an den Rädern“, antwortet Petra.

„Sehr gut!“ lobt sie der Polizist. „Und warum muß das alles am Fahrrad dran sein?“

„Damit man gut gesehen wird“, ruft Maurice.

„Genau“, sagt Herr Reinbeck. „Denn für einen Radfahrer ist es sehr wichtig, gut gesehen zu werden. Sonst kann es einem gehen wie der kleinen Katrin Schmidt." Herr Reinbeck zeigt auf Daniels Rad. „Was fehlt denn da noch?"

„Der weiße Strahler vorne", antwortet Petra.

„Richtig. Dazu sagen wir auch Frontreflektor", erklärt Herr Reinbeck. „Wißt ihr, was das Wort Reflektor bedeutet?"

Maurice meldet sich. „Wenn auf einen Reflektor ein Licht scheint, leuchtet er zurück."

„Prima! Besser könnte ich das auch nicht erklären!"

Simone schnipst mit den Fingern. „Die Glocke hat keinen Deckel."

„Und ohne Deckel kann sie nicht klingen", sagt Herr Seeger. „Aber wenigstens hat das Rad zwei Bremsen. Jetzt wollen wir mal sehen, ob die funktionieren." Er dreht eine Runde und fährt genau auf Daniel zu. Der springt schnell zur Seite, doch die Bremsen funktionieren.

„Wenigstens etwas", sagt Herr Seeger und steigt ab. „Trotzdem darfst du mit diesem Rad nicht am Straßenverkehr teilnehmen."

„Ich hab' aber kein anderes", brummt Daniel.

„Brauchst du auch nicht", erwidert Herr Seeger. „Du mußt es nur in Ordnung bringen." Er geht um Jans Rad herum. „So wie das hier. Da ist alles dran."

„Das gehört dem ja gar nicht", ruft Daniel. „Der hat sonst eine viel ältere Klapperkiste als ich. Das tolle Rad hat er sich nur für heute von seinem Freund geliehen!"

„Stimmt das?" fragt der Polizist.

Jan wird rot und nickt.

„Da braucht man sich nicht zu wundern, wenn so viele Unfälle mit Fahrrädern passieren", sagt Herr Seeger ärgerlich.

Warum hilft denn keiner?

Endlich ist Schulschluß. Die Busse stehen schon an der Bushaltestelle. Und wie jeden Tag gibt es dort ein Gedränge und Geschubse. Timo aus der dritten Klasse wird von hinten gestoßen, daß er gegen den Bus fällt und weint. Stefan und Joschi versuchen, Linda zu fangen. Stefan ist ihr dicht auf den Fersen. Er greift schon nach ihr. Im letzten Moment schlägt Linda einen Haken und läuft zwischen zwei Bussen hindurch auf die Fahrbahn – genau vor ein Auto. Der Autofahrer bremst zwar scharf, kann aber nicht mehr rechtzeitig anhalten. Linda wird von dem Wagen erfaßt und bleibt am Straßenrand liegen. Die anderen Kinder schreien und laufen wild durcheinander.

„Sie ist mir genau vor den Wagen gelaufen", jammert der Autofahrer. „Es war nicht meine

H
5
SCHUL-
BUS

Schuld. Sie ist mir genau vor den Wagen gelaufen!"

Schnell bildet sich ein Kreis um Linda.

„Ich will auch was sehen!" ruft Michi und drängelt sich vor.

„Warum hilft ihr denn niemand?" fragt Laura. „Helfen Sie ihr doch!" sagt sie zu dem Autofahrer.

„Ich . . . Ich . . . Ich weiß nicht", stottert der.

Der Autofahrer ist hilflos. Genau wie die vielen Kinder, die Linda angaffen. So geht wertvolle Zeit verloren.

Ein Busfahrer bringt eine Decke und legt sie unter Lindas Kopf.

„Warum holt denn keiner Hilfe?" ruft er aufgebracht. „Lauf in die Schule und sag, sie sollen den Notarzt rufen!" sagt er zu Joschi.

Joschi rast ins Lehrerzimmer und berichtet, was passiert ist. Der Rektor ruft sofort einen Notarztwagen und die Polizei. Herr Schmid schnappt den Erste-Hilfe-Koffer und läuft mit Frau Jung zur Unfallstelle.

„Macht doch Platz, verdammt noch mal!" schimpft Herr Schmid.

Nur langsam bildet sich eine schmale Gasse.

Herr Schmid kniet neben Linda, legt eine Hand auf Lindas Magengrube und prüft die Atmung. Dann greift er nach ihrem Handgelenk und fühlt

den Puls. „Atmung und Puls sind da“, sagt er zu Frau Jung. Er tätschelt Lindas Wangen. „Linda! Hörst du mich?“

Linda stöhnt leise. „Mein Bein!“ jammert sie. „Es tut so weh . . .“

Frau Jung öffnet den Erste-Hilfe-Koffer, nimmt ein Päckchen Mullverband, reißt es auf und legt ein Stück davon auf die blutende Wunde an Lindas rechtem Bein.

„Am besten, wir machen einen Druckverband“,

sagt Herr Schmid. Er nimmt ein zweites Verbandspäckchen, legt es auf den Mullverband und umwickelt alles fest mit einer Binde. „So hört es schneller auf zu bluten."

Auch am Arm und an der Stirn blutet Linda. Aber nicht so stark. Frau Jung tupft das Blut vorsichtig weg und klebt Pflaster auf die Wunden. An der Stirn ist das gar nicht so einfach, weil da inzwischen eine große Beule gewachsen ist. Das linke Auge ist völlig zugeschwollen. Linda sieht ziemlich schlimm aus.

„Wird sie wieder gesund?" fragt Stefan ängstlich.

„Wir wollen es hoffen", sagt Frau Jung.

Der Rektor bahnt sich einen Weg durch die Schüler. „Wie sieht's aus?"

„Schwer zu sagen", antwortet Herr Schmid. „Wird Zeit, daß der Krankenwagen kommt."

„Sie ist mir genau vor den Wagen gelaufen", sagt der Autofahrer wieder. „Es war nicht meine Schuld."

Inzwischen staut sich in der Schulstraße der Verkehr. Ein paar Autofahrer hupen.

„Warum steht ihr denn alle hier herum? Ihr seid doch im Weg. Macht endlich Platz!" ruft der Rektor den Schülern zu. Dann versucht er, die Autos in eine Nebenstraße zu schicken. Aber die

Fahrer hören nicht auf ihn. Da kommt zum Glück schon die Polizei.

Ein Polizist sperrt die Schulstraße ab, damit nicht noch mehr Autos hineinfahren. Der zweite winkt die Autofahrer in die Nebenstraße. Jetzt fahren sie. Nur ein Auto bleibt mitten auf der Straße stehen. Der Fahrer ist ausgestiegen, um zu sehen, was passiert ist.

„Wem gehört denn dieses Auto?“ fragt der Polizist.

„Mir“, antwortet ein Mann.

„Fahren Sie bloß schnell weg!“ ruft der Polizist wütend.

Bevor der Mann in seinem Auto sitzt, biegt der Notarztwagen in die Schulstraße ein und muß warten, bis der Mann endlich wegfährt. Wieder geht wertvolle Zeit verloren.

Der Arzt schüttelt den Kopf. „Es ist jedesmal dasselbe. Warum werden die Leute denn nie vernünftig?“ Er springt aus dem Wagen und untersucht Linda. „Ich glaube, das kriegen wir bald wieder hin“, sagt er und lächelt Linda zu. Aber die stöhnt nur ein bißchen und macht die Augen zu.

Der Fahrer holt inzwischen die Tragbahre. Vorsichtig legen die Sanitäter Linda darauf und schieben sie in den Wagen.

Was tut man, wenn man sich verlaufen hat?

Mama und Selina fahren zu Tante Karin in die Stadt. Die beiden Frauen wollen zusammen einkaufen. Selina soll solange mit ihrem Cousin Martin spielen.

Doch Martin hat keine Lust, sich mit Selina zu beschäftigen. „Ich geh' zu meinen Freunden“, sagt er.

Selina kommt mit. Martin kennt einige Abkürzungen, und bald stehen sie vor einem grünen Hochhaus. Erkan und Ruben spielen auf dem Parkplatz Fußball.

„Wer ist denn das?“ fragt Ruben.

„Meine Cousine“, sagt Martin.

„Und was will die hier?“ Sehr freundlich klingt Erkans Frage nicht gerade.

„Mit uns spielen“, brummt Martin.

„Kannst du Fußball spielen?“ fragt Ruben und kickt Selina den Ball zu.

Der Ball rollt an Selina vorbei unter ein parkendes Auto. Während sie den Ball sucht, flüstern die drei Jungen miteinander.

„He, Selina!“ ruft Martin. „Wir spielen Verstecken. Du mußt uns suchen!“

„Warum muß ich suchen?“ fragt Selina. Aber sie bekommt keine Antwort. Die drei Jungen sind schon hinter den Garagen verschwunden.

Selina ist wütend. Sie kickt den Ball weg und geht.

Es dauert nicht lange, da steht sie an einer Kreuzung und weiß nicht weiter. Mit Tränen in den Augen läuft sie wieder zurück, findet jedoch das grüne Hochhaus nicht mehr. Sie lehnt sich an eine Mauer und weint.

Da kommt ein Mädchen auf sie zu. Es faßt Selina sanft am Arm. „Warum weinst du?“

„Ich habe mich verlaufen“, schnieft Selina.

„Wo wohnst du denn?“ fragt das Mädchen.

Selina schluckt. „Ich bin nur zu Besuch hier, bei meiner Tante.“

„Und wo wohnt die?“

„Weiß ich nicht.“

„Wie heißt deine Tante?“ fragt das Mädchen weiter.

EINFAHRT

„Karin Welte“, antwortet Selina.
Das Mädchen zuckt die Achseln. „Kenn’ ich nicht.“
Selina heult wieder los. „Was . . . Was mache ich denn jetzt?“
„Ich weiß es“, sagt das Mädchen. „Wir gehen zur Polizei.“
Selina staunt. „Zur Polizei?“
Das Mädchen nickt. „Die kriegen bestimmt raus, wo deine Tante wohnt.“
„Weißt du denn, wo die Polizei ist?“
„Nö, aber wir können ja fragen.“ Das Mädchen hakt sich bei Selina ein. „Ich heiße übrigens Anja. Und du?“
Selina putzt sich die Nase und sagt ihren Namen.
„Du wirst sehen, jetzt bist du bald wieder daheim!“ meint Anja und lacht.
Die beiden Mädchen gehen in ein Geschäft, erhalten die gewünschte Auskunft und machen sich auf den Weg. Plötzlich sehen sie einen Streifenwagen. Anja stellt sich an den Straßenrand und fuchtelt wild mit den Armen.
Der Streifenwagen hält. Ein Polizist kurbelt das Fenster herunter und fragt: „Was gibt’s denn?“
„Sie hat sich verlaufen“, antwortet Anja.
„Verlaufen?“ Der Polizist steigt aus. Dann stellt

er Selina die gleichen Fragen wie vorher Anja. Aber er will noch mehr wissen. „Du kennst doch sicher eure Telefonnummer?“

Selina nickt.

„Na, siehst du“, sagt der Polizist. „Da rufen wir jetzt an . . .“

„Aber zu Hause ist niemand“, unterbricht ihn Selina. „Meine Mama ist doch mit Tante Karin zum Einkaufen gegangen.“

„Ach so“, sagt der Polizist. „Ja, dann müssen wir aufs Polizeirevier und die Adresse deiner Tante herausfinden.“ Er öffnet die hintere Wagentür. „Steigt ein!“

Anja ist begeistert, daß sie im Streifenwagen fahren darf, und selbst Selina lächelt schon wieder ein bißchen.

Auf dem Polizeirevier sucht ein Polizist mit Hilfe des Computers die Adresse von Tante Karin. Das geht blitzschnell.

„Seht ihr, es gibt keinen Grund, gleich verzweifelt zu sein, wenn ihr euch mal verlaufen habt“, sagt der Polizist. „Ihr müßt nur einen Polizisten fragen. Und wenn ihr keinen findet, könnt ihr auch die Nummer 110 anrufen. Dann kommt einer von uns und hilft euch.“

Die beiden Mädchen werden mit dem Streifenwagen zu Tante Karins Wohnung gefahren. Dabei kommen sie an dem grünen

Hochhaus vorbei. Martin, Erkan und Ruben sitzen auf der Gartenmauer.

„Können Sie mal schnell anhalten?“ fragt Selina den Fahrer.

„Warum?“

„Ich muß den drei Jungen etwas sagen“, antwortet Selina.

Der Wagen hält. Selina kurbelt die Scheibe runter. „Ich fahre jetzt zu Tante Karin!“ ruft sie und streckt die Zunge raus.

Als Martin, Erkan und Ruben die beiden Mädchen im Streifenwagen sehen, platzen sie beinahe vor Neid.

Warum darf ich nicht mit dem neuen Auto fahren?

Mama ist nicht zu Hause. Alex sitzt über den Schulaufgaben. Papa legt sich aufs Sofa und hält sein Mittagsschläfchen. Darauf hat Dominik nur gewartet. Er schleicht durch den Flur zur Kellertür und öffnet sie ganz vorsichtig. Dann geht er leise die Treppe hinunter und läuft in die Garage. Dort steht das neue Auto.

„Warum darf nur Papa damit fahren?" murmelt Dominik. „Das ist gemein!" Er öffnet die Fahrertür und setzt sich hinter das Lenkrad. „Brumm, brumm, brumm", macht er und bewegt das Lenkrad hin und her. Dann greift er wie sein Papa nach dem Schalthebel und ruckelt daran herum. „Brumm, brumm, brumm!"

Dominik versucht, auf das Gaspedal zu treten. Aber dafür sind seine Beine noch viel zu kurz. So muß er eben weiter mit der Stimme Gas geben: „Brrrrrrumm!"

Dominik drückt auf alle erreichbaren Knöpfe und dreht an allen Schaltern. Dabei entdeckt er den Zündschlüssel. Den läßt Papa nämlich immer im Zündschloß stecken.

Dominik zieht den Schlüssel aus dem Schloß und steckt ihn wieder hinein. Das macht er ein paarmal.

Dann dreht er den Schlüssel ein bißchen nach rechts. Nur ein winzigkleines bißchen. Und noch ein bißchen. Und wieder zurück. Und wieder andersherum. Nichts passiert. Bis Dominik den Schlüssel ein winzigkleines bißchen zu weit nach rechts dreht. Da leuchten plötzlich ein paar rote Lämpchen auf.

Dominik erschrickt und will den Schlüssel schnell wieder zurückdrehen. Doch in der Aufregung dreht er falsch herum, der Motor springt kurz an, und der Wagen macht einen Hopser nach vorne. Dann ist es wieder still.

Dominik sitzt starr vor Schreck hinter dem Lenkrad. Es dauert eine Weile, bis er wieder denken kann. Er sieht, daß die roten Lämpchen noch leuchten. Aber er traut sich nicht, den Zündschlüssel noch einmal anzufassen. Er weiß überhaupt nicht mehr, was er tun soll. Er will nur raus aus dem Auto.

Dominik schleicht zurück in die Wohnung.

Papa schläft noch, stellt er erleichtert fest.

Auf Zehenspitzen läuft er zu seinem Bruder. „Komm schnell mit, aber leise!"

„Wohin und warum?" fragt Alex.

„Du mußt mir helfen!" drängt Dominik.

„Keine Lust . . .", brummt Alex und wendet sich wieder seinem Matheheft zu.

„Du mußt“, sagt Dominik. „Es ist ganz, ganz wichtig. Das neue Auto . . .“

Alex fährt hoch. „Was ist damit?“

„Komm“, sagt Dominik und legt einen Finger auf den Mund.

Neugierig schleicht Alex hinter Dominik in die Garage. Im ersten Moment fällt ihm nichts auf. „Was ist mit dem Auto?“

Dominik zeigt auf die roten Lämpchen. „Ich habe aus Versehen am Zündschlüssel gedreht, dann ist das Auto ein bißchen gefahren.“

„Ach, deswegen steht es so weit vorne.“ Alex guckt mit großen Augen. „Junge, Junge, da hast du aber mehr Glück als Verstand gehabt.“

„Nichts dem Papa verraten, bitte!“ fleht Dominik.

Alex schüttelt den Kopf. „Es ist nicht zu fassen.“ Er setzt sich ins Auto, dreht den Zündschlüssel zurück, nimmt den Gang heraus und löst die Handbremse. Dann steigt er wieder aus. „Los, schieben!“

Als das Auto am alten Platz steht, fragt Dominik: „Sagst du dem Papa auch wirklich nichts?“

Alex grinst. „Ehrenwort!“

Manchmal ist es doch gut, wenn man einen großen Bruder hat, denkt Dominik erleichtert.

Warum gibt es so viele Autos?

Familie Baumholzer ist auf der Fahrt in den Süden. Schon bald fängt der kleine Marius zu quengeln an. Und er öffnet den Sicherheitsgurt.

„Mama, der hat den Gurt weggemacht“, sagt sein Bruder Christof.

Mama sitzt auf dem Beifahrersitz. Sie dreht sich um. „Marius, leg sofort den Gurt wieder um!“

„Warum?“ nörgelt Marius. „Der blöde Gurt stört mich nur.“

„Alle müssen sich angurten“, sagt Papa.

„Und warum?“ will Marius wissen.

„Wir haben dir schon hundertmal erklärt, was bei einem Unfall passieren kann“, antwortet Mama. „Wer nicht angegurtet ist, fliegt wie eine Puppe durch den Wagen.“

„Papa baut ja keinen Unfall“, sagt Marius. „Der kann gut Auto fahren.“

„Danke für das Lob“, sagt Papa. „Aber andere fahren vielleicht nicht so gut wie ich. Damit muß man immer rechnen. Außerdem reicht es schon, wenn ich scharf bremsen muß. Dann knallst du gegen den Sitz, oder du fliegst vorne durch die Scheibe. Mit dem Kopf voraus.“

Marius macht große Augen. „So richtig durch die Scheibe?“

„Durch die Scheibe“, wiederholt Papa.

Marius brummelt etwas vor sich hin, dann legt er den Gurt wieder um.

„Wie lange dauert es denn noch, bis wir am Meer sind?“ fragt Jeanette.

„Noch lange“, brummt Papa.

„Warum fährst du dann nicht schneller?“ will Christof wissen.

Papa seufzt. „Weil ich nicht schneller kann!“

„Und warum nicht?“ tönt es dreistimmig vom Rücksitz.

„Weil die andern auch nicht schneller fahren!“ gibt Papa zurück.

„Dann überhol sie doch!“ schlägt Christof vor.

Papa stöhnt. „Schau mal nach vorne, was da los ist!“

„Ui!“ Christof staunt. „Sind das viele Autos!“

„Warum gibt es überhaupt so viele Autos?“ fragt Jeanette.

„Das frage ich mich auch“, knurrt Papa.

„Weil die meisten mit dem eigenen Auto fahren wollen, damit sie frei und unabhängig sind“, beantwortet Mama Jeanettes Frage.

„Wie meinst du das – frei und unabhängig?“

„Überleg mal“, sagt Mama. „Mit dem eigenen Auto kann man von zu Hause losfahren, wann man will. Man kann Rast machen, wo und wann und wie lange man will. Man ist für sich und muß sich nicht nach anderen richten. Man kann auch am Urlaubsort irgendwo hinfahren, wenn man Lust dazu hat. Das alles geht nicht, wenn man mit dem Bus oder mit der Eisenbahn fährt.

Außerdem kann man im Auto mehr Gepäck mitnehmen und muß es nicht durch die Gegend schleppen."

„Ich finde Zugfahren trotzdem schön", ruft Christof.

„Ich auch", sagen Mama und Papa wie aus einem Mund.

Jeanette staunt: „Und warum fahren wir dann nie mit dem Zug?"

„Das habe ich euch doch eben erklärt", antwortet Mama.

Jeanette überlegt. „Aber wenn alle mit dem Auto fahren und niemand mit dem Zug, dann werden die Züge immer leerer und die Straßen immer voller. Dann kann man bald gar nicht mehr mit dem Auto fahren."

„Genau das ist das Problem", sagt Papa und stellt den Motor ab, weil es nicht mehr weitergeht.

„Ich will nach Hause", quengelt Marius.

Papa trommelt mit den Fingern auf das Lenkrad. „Wenn ich wenden könnte, würde ich am liebsten zurückfahren. Aber nicht einmal das ist möglich!"

„So frei und unabhängig ist man mit dem Auto also auch nicht", sagt Jeanette.

Darauf wissen Mama und Papa keine Antwort.

Warum fahren wir nicht mit dem Auto in die Stadt?

Annes Eltern wollen nach München fahren. Sie haben ihrer Tochter erzählt, München sei eine sehr schöne Stadt. Da hat Anne die Stirn gerunzelt und gedacht: Oje, dann gibt es dort bestimmt viele alte Häuser, Kirchen, Denkmäler, Museen und lauter solche Sachen. So etwas finden ihre Eltern nämlich schön. Das kann Anne überhaupt nicht verstehen. Sie möchte viel lieber in den Zoo oder ins Schwimmbad. „Mal sehen“, sagt Mama.

Schon am frühen Morgen geht’s los. Nach zwei Stunden Fahrt sind sie am Stadtrand von München. Papa sieht eine Straßenbahnhaltestelle und nicht weit davon entfernt einen Parkplatz. „Da parken wir!“ sagt er und biegt auch schon ab.

„Warum fahren wir denn nicht mit dem Auto in die Stadt?“ fragt Anne.

„Weil es in der Stadt viel zuviel Verkehr und viel zuwenig Parkplätze gibt“, antwortet Papa.

„Aber einen kleinen für uns gibt es doch bestimmt noch“, meint Anne.

„Und bis wir den finden, muß ich mindestens eine Stunde durch München kurven“, sagt Papa. „Was meinst du, wieviel Nerven mich das kostet?“

Anne hat keine Ahnung, was Nerven sind und was die kosten. Sie hat nur Angst, daß sie sehr weit zu Fuß gehen müssen, wenn sie am Stadtrand parken.

„Laß dich mal überraschen“, sagt Mama und lächelt geheimnisvoll. Sie gehen zu der nahen Straßenbahnhaltestelle.

„Fahren wir mit der Straßenbahn?“ fragt Anne.

Mama nickt.

„Juhu! Das habe ich mir schon lange gewünscht!“ jubelt Anne. In der kleinen Stadt, wo sie zu Hause ist, gibt es nämlich keine Straßenbahn, sondern nur den Bus.

Papa steht vor dem Fahrscheinautomaten. „Gar nicht so einfach, sich da zurechtzufinden“, brummt er.

„Was ist das für ein Kasten?“ fragt Anne.

MVV-Fahrausweise
Fahrziele

„Ein Fahrscheinautomat“, antwortet Papa. „Man muß auf den richtigen Knopf drücken, Geld hineinwerfen, und schon kommt unten der Fahrschein heraus.“

„Und welches ist der richtige Knopf?“

„Das versuche ich gerade herauszufinden . . .“

„Am besten, wir kaufen Tagesfahrscheine“, schlägt Mama vor.

Papa nickt, und er findet auch den richtigen Knopf.

„Mit diesen Fahrscheinen können wir den ganzen Tag kreuz und quer durch München fahren“, sagt Mama. „Sooft wir wollen. Ist das nicht . . .“

„Da vorne kommt schon die Straßenbahn!“ ruft Anne aufgeregt.

„Langsam, langsam“, sagt Papa. „Wir müssen erst schauen, ob die auch in die richtige Richtung fährt.“

„Wie sieht man das?“ möchte Anne wissen.

„Jede Straßenbahn hat eine Nummer“, antwortet Papa. „Und hier hängt ein Fahrplan, auf dem man sehen kann, welche Nummer wohin fährt.“

„Zwanzig!“ ruft Anne.

Papa schaut noch einmal auf den Fahrplan. „Die nehmen wir.“

Die Straßenbahn hält. Zischend öffnen sich die Türen, und Leute steigen aus. Anne und ihre Eltern steigen ein. Anne wundert sich, daß kein Schaffner da ist, der die Fahrscheine sehen will, so wie im Zug. „Dann hätten wir ja gar keine zu kaufen brauchen“, meint sie.

„Das könnte teuer werden“, sagt Mama. „Denn ein paarmal am Tag kommt plötzlich ein Schaffner herein und kontrolliert die Fahrscheine. Wer dann keinen hat, muß eine Strafe bezahlen.“

Anne sitzt auf Papas Schoß. „Na, ist das nicht schöner als Autofahren?“

Anne nickt.
„Bei der übernächsten Haltestelle steigen wir aus“, sagt Papa.
„Warum?“
„Dort ist eine U-Bahn-Station . . . äh . . . eine Haltestelle für U-Bahnen. Von dort fahren wir mit der U-Bahn weiter. Das geht nämlich viel schneller.“
„Was ist eine U-Bahn?“ will Anne wissen.
„Eine U-Bahn ist eine Bahn, die unter der Erde fährt“, erklärt Mama.
„Damit will ich nicht fahren“, sagt Anne sofort. „Da habe ich Angst.“

Papa drückt sie an sich. „Du wirst sehen, U-Bahn fahren ist noch viel toller als Straßenbahn fahren."

Das glaubt Anne nicht. Erst nach langem Zureden ist sie bereit, es wenigstens einmal zu wagen. Doch als sie mit der Rolltreppe nach unten fahren, wird ihr ganz schwabbelig im

Bauch. Papa schaut wieder auf einen Fahrplan. „Wir können mit der U 3 oder der U 6 fahren."

Es dauert nicht lange, bis die U 3 kommt. Papa und Mama nehmen Anne in die Mitte und steigen ein. Auch hier will niemand die Fahrscheine sehen. Kaum haben sich Anne und ihre Eltern gesetzt, schließen sich die Türen. Die U-Bahn fährt los. Draußen sausen Wände vorbei. So dicht am Fenster, daß Anne lieber auf den Fensterplatz verzichtet. Sie findet die vorbeiflitzenden Wände ein wenig unheimlich. Aber das Tempo der U-Bahn gefällt ihr. Das ist nicht so ein langsames Gezockel wie mit der Straßenbahn.

„Na?" fragt Papa.

„Schön", sagt Anne nur.

„Gleich sind wir mitten in der Stadt", sagt Papa. „Ohne Ärger und Parkplatzsorgen. Ist das nicht toll!"

„Und zurück fahren wir mit der S-Bahn", schlägt Mama vor.

„Ist das auch eine U-Bahn?"

„So ähnlich, nur fährt die S-Bahn nicht unter der Erde."

„Dann will ich lieber wieder mit der U-Bahn fahren", sagt Anne. „Das ist schöner."

„Soso!" Papa lächelt und kneift Anne liebevoll ins Ohrläppchen.

Der Autor

Manfred Mai, 1949 in Winterlingen geboren, wuchs auf einem Bauernhof auf – und war als Kind keine Leseratte! Er machte nach der Schule eine Malerlehre und arbeitete auch in einer Fabrik. Doch er war mit diesem Leben immer weniger zufrieden. In dieser Zeit entdeckte er die Welt der Bücher, las und lernte viel, wurde Lehrer – und Schriftsteller.

Heute lebt Manfred Mai mit seiner Frau und zwei Töchtern in seinem Geburtsort. Und manchmal schreibt er auch, wie man dort „schwätzt“, nämlich schwäbisch.

Die Illustratorin

Dagmar Geisler wurde 1958 in Siegen geboren. In Wiesbaden studierte sie das Zeichnen, und direkt nach dem Studium fing sie an, für verschiedene Verlage Bücher zu illustrieren. Sie ist Mutter eines Sohnes und wohnt mit ihrer Familie bei München.

Kennst du auch die anderen Warum-Geschichten
von Manfred Mai?

Im Zoo

In der Schule

Beim Arzt und im Krankenhaus

Vom Schmusen und Liebhaben

Wie es früher war